MW01110366

Yellow Umbrella Books are published by Capstone Press,
151 Good Counsel Drive, P.O. Box 669, Mankato, Minnesota 56002.
www.capstonepress.com

Library of Congress Cataloging-in-Publication Data
Ring, Susan.
    [From here to there. Spanish]
    De aquí a allá / por Susan Ring.
    p. cm.—(Yellow Umbrella: Social Studies - Spanish)
    Includes index.
    ISBN 0-7368-4175-X (hardcover)
    1. Transportation—Juvenile literature. I. Title. II. Social studies (Mankato, Minn.)
HE152.R5618 2005
388—dc22   2004055216

Summary: Photographs and simple text explore the different modes of transportation used
by people around the world.

Editorial Credits
Editorial Director: Mary Lindeen
Editor: Jennifer VanVoorst
Photo Researcher: Deirdre Barton, Wanda Winch
Developer: Raindrop Publishing
Adapted Translations: Gloria Ramos
Spanish Language Consultants: Jesús Cervantes, Anita Constantino
Conversion Editor: Roberta Basel

Photo Credits
Cover: Earl and Nazima Kowall/Corbis; Title Page: Corel; Page 2: DigitalVision; Page 3:
Ric Ergenbright/Corbis; Page 4: EyeWire/PhotoDisc; Page 5: Corel; Page 6: John Foxx;
Page 7: DigitalVision; Page 8: Jacques Langevin/Corbis Sygma; Page 9: Comstock;
Page 10: Corel; Page 11: Annie Reynolds/PhotoLink/PhotoDisc; Page 12: Royalty-
Free/Corbis; Page 13: Royalty-Free/Corbis; Page 14: Royalty-Free/Corbis; Page 15:
Art Stein/Corbis; Page 16: Goodshoot

1 2 3 4 5 6 10 09 08 07 06 05

De aquí a allá

por Susan Ring

Consultant: Dwight Herold, Ed.D., Past President,
Iowa Council for the Social Studies

Yellow Umbrella Books
Social Studies - Spanish

an imprint of Capstone Press
Mankato, Minnesota

¿Cómo llega la gente de un lugar a otro?

Tal vez puedan ir en un globo
bien alto en el aire.

Tal vez puedan usar un barco
para navegar o remar.

Tal vez puedan ir por la nieve
en un trineo tirado por perros.

Tal vez puedan volar
alto en el cielo, en un avión.

Tal vez puedan volar
en una nave espacial,
y ver la Tierra desde el espacio.

Algunas personas viajan lejos
en autobuses.

Algunas personas viajan a
todas partes en un carro.

Algunas personas pueden ir
al mercado en una carreta
halada por un caballo.

Algunas personas también
pueden ir al mercado
en una bicicleta.

Un tranvía te puede llevar al centro, sin tener que manejar.

Un taxi te puede llevar al centro,
mientras llevas el cinturón
de seguridad abrochado.

La gente en esta ciudad
usa barcos para ir
de un lugar a otro.

14

La gente en esta ciudad
usa el metro para ir
de un lugar a otro.

¿Cómo va la gente de un lugar a otro? Hay diferentes maneras para ir a dónde tú quieras.

Glosario/Índice

(la) bicicleta—vehículo de dos ruedas, movidas por dos pedales y una cadena; página 11

(el) mercado—lugar público destinado para vender o comprar géneros y mercancías; páginas 10, 11

(el) metro—ferrocarril eléctrico, generalmente subterráneo, utilizado como medio de transporte rápido de pasajeros en las grandes ciudades; página 15

(la) nave espacial—vehículo que viaja fuera de la Tierra; página 7

(el) taxi—automóvil público con chófer; página 13

(la) tranvía—vehículo para el tranporte urbano de personas, que se mueve por electricidad a través de raíles o rieles; página 12

(el) trineo—vehículo que se desliza sobre la nieve y el hielo; página 5

Word Count: 180
Early-Intervention Level: 12